ROSARIUM VIRGINIS MARIAE

CARTA APOSTÓLICA
ROSARIUM VIRGINIS MARIAE
DO SUMO PONTÍFICE JOÃO PAULO II AO EPISCOPADO, AO CLERO E AOS FIÉIS, SOBRE O ROSÁRIO

10ª edição – 2010
6ª reimpressão – 2023

Nenhuma parte desta obra poderá ser reproduzida ou transmitida por qualquer forma e/ou quaisquer meios (eletrônico ou mecânico, incluindo fotocópia e gravação) ou arquivada em qualquer sistema ou banco de dados sem permissão escrita da Editora. Direitos reservados.

Paulinas
Rua Dona Inácia Uchoa, 62
04110-020 – São Paulo – SP (Brasil)
Tel.: (11) 2125-3500
http://www.paulinas.com.br
editora@paulinas.com.br
Telemarketing e SAC: 0800-7010081

© Pia Sociedade Filhas de São Paulo – São Paulo, 2002

INTRODUÇÃO

1. O Rosário da Virgem Maria (*Rosarium Virginis Mariae*), que ao sopro do Espírito de Deus se foi formando gradualmente no segundo milênio, é oração amada por numerosos Santos e estimulada pelo Magistério. Na sua simplicidade e profundidade, permanece, mesmo no terceiro milênio recém-iniciado, uma oração de grande significado e destinada a produzir frutos de santidade. Ela enquadra-se perfeitamente no caminho espiritual de um cristianismo que, passados dois mil anos, nada perdeu do seu frescor original, e sente-se impulsionado pelo Espírito de Deus a "fazer-se ao largo" (*duc in altum!*) para reafirmar, melhor "gritar" Cristo ao mundo como Senhor e Salvador, como "caminho, verdade e vida" (Jo 14,6), como "o fim da história humana, o ponto para onde tendem os desejos da história e da civilização".[1]

O Rosário, de fato, ainda que caracterizado pela sua fisionomia mariana, no seu âmago é oração cristológica. Na sobriedade dos seus elementos, concentra *a profundidade de toda a mensagem evangélica*, da qual é quase um compêndio.[2] Nele ecoa a oração de Maria, o seu perene *Magnificat*

---

[1] Conc. Ecum. Vat. II, Const. Past. sobre a Igreja no mundo contemporâneo *Gaudium et spes*, 45.

[2] Cf. Paulo VI, Exort. ap. *Marialis cultus* (2 de fevereiro de 1974), 42: *AAS* 66 (1974), 153.

pela obra da Encarnação redentora iniciada no seu ventre virginal. Com ele, o povo cristão *frequenta a escola de Maria*, para deixar-se introduzir na contemplação da beleza do rosto de Cristo e na experiência da profundidade do seu amor. Mediante o Rosário, o crente alcança a graça em abundância, como se a recebesse das mesmas mãos da Mãe do Redentor.

Os Romanos Pontífices e o Rosário

2. Muitos dos meus Predecessores atribuíram grande importância a essa oração. Merecimento particular teve, a propósito, Leão XIII que, no dia 1º de setembro de 1883, promulgava a Encíclica *Supremi apostolatus officio*,[3] alto pronunciamento com o qual inaugurava numerosas outras declarações sobre essa oração, indicando-a como instrumento espiritual eficaz contra os males da sociedade. Entre os papas mais recentes, já na época conciliar, que se distinguiram na promoção do Rosário, desejo recordar o Beato João XXIII[4] e sobretudo Paulo VI, que, na Exortação apostólica *Marialis cultus*, destacou, em harmonia com a inspiração do Concílio Vaticano II, o caráter evangélico do Rosário e a sua orientação cristológica.

Eu mesmo não descurei ocasião para exortar à frequente recitação do Rosário. Desde a minha juventude, essa oração teve um lugar importante na minha vida espiritual.

---

[3] Cf. *Acta Leonis XIII*, 3 (1884), 280-289.

[4] De modo particular, merece menção a sua Epístola apostólica sobre o Rosário "O encontro religioso", de 29 de setembro de 1961: *AAS* 53 (1961), 641-647.

Trouxe-me à memória a minha recente viagem à Polônia, sobretudo a visita ao Santuário de Kalwaria. O Rosário acompanhou-me nos momentos de alegria e nas provações. A ele confiei tantas preocupações; nele encontrei sempre conforto. Vinte e quatro anos atrás, no dia 29 de outubro de 1978, apenas duas semanas depois da minha eleição para a Sé de Pedro, quase numa confidência, assim me exprimia: "O Rosário é a minha oração predileta. Oração maravilhosa! Maravilhosa na simplicidade e na profundidade. [...] Pode dizer-se que o Rosário é, em certo modo, um comentário--prece do último capítulo da Constituição *Lumen gentium* do Vaticano II, capítulo que trata da admirável presença da Mãe de Deus no mistério de Cristo e da Igreja. De fato, sobre o fundo das palavras da Ave-Maria passam diante dos olhos da alma os principais episódios da vida de Jesus Cristo. Eles dispõem-se no conjunto dos mistérios gozosos, dolorosos e gloriosos, e põem-nos em comunhão viva com Jesus – poderíamos dizer– através do Coração de sua Mãe. Ao mesmo tempo o nosso coração pode incluir nessas dezenas do Rosário todos os fatos que formam a vida do indivíduo, da família, da nação, da Igreja e da humanidade. Acontecimentos pessoais e do próximo, e de modo particular daqueles que nos são mais familiares e que mais estimamos. Assim a simples oração do Rosário marca o ritmo da vida humana".[5]

Com estas palavras, meus caros Irmãos e Irmãs, inseria no ritmo cotidiano do Rosário *o meu primeiro ano de*

---

[5] Alocução do *Angelus*: *L'Osservatore Romano* (ed. portuguesa: 5 de novembro de 1978), 1.

Pontificado. Hoje, *no início do vigésimo quinto ano de serviço como Sucessor de Pedro*, desejo fazer o mesmo. Quantas graças recebi nestes anos da Virgem Santa através do Rosário: *Magnificat anima mea Dominum*! Desejo elevar ao Senhor o meu agradecimento com as palavras da sua Mãe Santíssima, sob cuja proteção coloquei o meu ministério petrino: *Totus tuus*!

Outubro 2002 – Outubro 2003: Ano do Rosário

3. Por isso, na esteira da reflexão oferecida na Carta apostólica *Novo millennio ineunte*, na qual convidei o Povo de Deus, após a experiência jubilar, a "partir de Cristo",[6] senti a necessidade de desenvolver uma reflexão sobre o Rosário, uma espécie de coroação mariana da referida Carta apostólica, para exortar à contemplação do rosto de Cristo na companhia e na escola de sua Mãe Santíssima. Com efeito, recitar o Rosário nada mais é senão contemplar com Maria o rosto de Cristo. Para dar maior relevo a esse convite, e tomando como ocasião a próxima efeméride dos cento e vinte anos da mencionada Encíclica de Leão XIII, desejo que essa oração seja especialmente proposta e valorizada nas várias comunidades cristãs durante o ano. Proclamo, portanto, o período que vai de outubro deste ano até outubro de 2003 Ano do Rosário.

Deixo essa indicação pastoral à iniciativa das diversas comunidades eclesiais. Com ela não pretendo dificultar,

---

[6] Cf. n. 29: *AAS* 93 (2001), 285.

mas antes integrar e consolidar os planos pastorais das Igrejas particulares. Espero que ela seja acolhida com generosidade e solicitude. O Rosário, quando descoberto no seu pleno significado, conduz ao âmago da vida cristã, oferecendo uma ordinária e fecunda oportunidade espiritual e pedagógica para a contemplação pessoal, a formação do Povo de Deus e a nova evangelização. Apraz-me reafirmá-lo, também, na recordação feliz de outro aniversário: os 40 anos do início do Concílio Ecumênico Vaticano II (11 de outubro de 1962), a "grande graça" predisposta pelo Espírito de Deus para a Igreja do nosso tempo.[7]

Objeções ao Rosário

4. A oportunidade dessa iniciativa emerge de distintas considerações. A primeira refere-se à urgência de fazer frente a certa crise dessa oração, correndo o risco, no atual contexto histórico e teológico, de ser erradamente debilitada no seu valor e, por conseguinte, escassamente proposta às novas gerações. Pensam alguns que a centralidade da liturgia, justamente ressaltada pelo Concílio Ecumênico Vaticano II, tenha como necessária consequência uma diminuição da importância do Rosário. Na verdade, como precisou Paulo VI, essa oração não só não se opõe à liturgia como também lhe *serve de apoio*, visto que introduz nela e dá-lhe continuidade, permitindo vivê-la com plena participação interior e recolhendo seus frutos na vida quotidiana.

---

[7] João XXIII, nos anos de preparação do Concílio, não deixou de convidar a comunidade cristã à recitação do Rosário pelo sucesso deste evento eclesial: cf. Carta ao Cardeal Vigário de 28 de setembro de 1960: *AAS* 52 (1960), 814-817.

Pode haver também quem tema que o Rosário possa revelar-se pouco ecumênico pelo seu caráter marcadamente mariano. Na verdade, situa-se no mais claro horizonte de um culto à Mãe de Deus tal como o Concílio delineou: um culto orientado ao centro cristológico da fé cristã, de forma que, "honrando a Mãe, melhor se conheça, ame e glorifique o Filho".[8] Se adequadamente compreendido, o Rosário é certamente uma ajuda, não um obstáculo, para o ecumenismo.

Caminho de contemplação

5. Porém, o motivo mais importante para propor com insistência a prática do Rosário reside no fato de este constituir um meio validíssimo para favorecer entre os crentes aquele *compromisso de contemplação do mistério cristão* que propus, na Carta apostólica *Novo millennio ineunte*, como verdadeira e própria pedagogia da santidade: "Há necessidade de um cristianismo que se destaque principalmente pela *arte da oração*".[9] Enquanto na cultura contemporânea, mesmo entre tantas contradições, emerge uma nova exigência de espiritualidade, solicitada inclusive pela influência de outras religiões, é extremamente urgente que as nossas comunidades cristãs se tornem "autênticas escolas de oração".[10]

O Rosário situa-se na melhor e mais garantida tradição da contemplação cristã. Desenvolvido no Ocidente, é oração

---

[8] Const. dogm. sobre a Igreja *Lumen gentium*, 66.

[9] N. 32: *AAS* 93 (2001), 288.

[10] Ibid., 33: *l.c.*, 289.

tipicamente meditativa e corresponde, de certo modo, à "oração do coração" ou "oração de Jesus" germinada no húmus do Oriente cristão.

Oração pela paz e pela família

6. A dar maior atualidade ao relançamento do Rosário temos algumas circunstâncias históricas. A primeira delas é a urgência de invocar de Deus *o dom da paz*. O Rosário foi, por diversas vezes, proposto pelos meus Predecessores e mesmo por mim como oração pela paz. No início de um milênio que começou com as cenas assustadoras do atentado de 11 de setembro de 2001 e que regista, cada dia, em tantas partes do mundo novas situações de sangue e violência, descobrir novamente o Rosário significa mergulhar na contemplação do mistério daquele que "é a nossa paz", tendo feito "de dois povos um só, destruindo o muro da inimizade que os separava" (Ef 2,14). Portanto não se pode recitar o Rosário sem sentir-se chamado a um preciso compromisso de serviço à paz, especialmente na terra de Jesus, tão atormentada ainda, e tão querida ao coração cristão.

Análoga urgência de empenho e de oração surge de outra realidade crítica da nossa época, *a da família*, célula da sociedade, cada vez mais ameaçada por forças desagregadoras no nível ideológico e prático, que fazem temer pelo futuro dessa instituição fundamental e imprescindível e, consequentemente, pela sorte da sociedade inteira. O relançamento do Rosário nas famílias cristãs, no âmbito de uma pastoral mais ampla da família, propõe-se como ajuda eficaz para conter os efeitos devastadores dessa crise da nossa época.

"Eis a tua mãe!" (Jo 19,27)

7. Numerosos sinais demonstram quanto a Virgem Maria queira, também hoje, precisamente através dessa oração, exercer aquele cuidado maternal ao qual o Redentor prestes a morrer confiou, na pessoa do discípulo predileto, todos os filhos da Igreja: "Mulher, eis aí o teu filho" (Jo 19,26). São conhecidas, ao longo dos séculos XIX e XX, várias ocasiões nas quais a Mãe de Cristo fez, de algum modo, sentir a sua presença e a sua voz para exortar o Povo de Deus a essa forma de oração contemplativa. Em particular desejo lembrar, pela incisiva influência que conservam na vida dos cristãos e pelo reconhecimento recebido da Igreja, as aparições de Lourdes e de Fátima,[11] cujos respectivos Santuários são meta de numerosos peregrinos, em busca de conforto e de esperança.

Na senda das testemunhas

8. Seria impossível citar a multidão sem conta de Santos que encontraram no Rosário um autêntico caminho de santificação. Bastará recordar São Luís Maria Grignion de

---

[11] É sabido, e há que reafirmá-lo, que as revelações privadas não são da mesma natureza que a revelação pública, normativa para toda a Igreja. Ao Magistério cabe discernir e reconhecer a autenticidade e o valor das revelações privadas para a piedade dos fiéis.

Montfort, autor de uma preciosa obra sobre o Rosário;[12] e, em nossos dias, Padre Pio de Pietrelcina, que recentemente tive a alegria de canonizar. Além disso um carisma especial, como verdadeiro apóstolo do Rosário, teve o Beato Bartolo Longo. O seu caminho de santidade assenta-se numa inspiração ouvida no fundo do coração: "Quem difunde o Rosário, salva-se!".[13] Baseado nisto, ele sentiu-se chamado a construir em Pompeia um templo dedicado à Virgem do Santo Rosário, no cenário dos restos da antiga cidade, ainda pouco tocada pelo anúncio cristão quando foi sepultada em 79 pela erupção do Vesúvio e surgida das suas cinzas séculos depois como testemunho das luzes e sombras da civilização clássica.

Com toda a sua obra e, de modo particular, através dos "Quinze Sábados", Bartolo Longo desenvolveu a alma cristológica e contemplativa do Rosário, encontrando particular estímulo e apoio em Leão XIII, o "Papa do Rosário".

---

[12] *O segredo maravilhoso do Santo Rosário para converter-se e salvar-se:* São Luís Maria Grignion de Montfort, *Obras*, 1, *Escritos espirituais* (Roma 1990), pp. 729-843.

[13] Beato Bartolo Longo, *História do Santuário de Pompeia* (Pompeia, 1990), p. 59.

Capítulo I

CONTEMPLAR CRISTO
COM MARIA

Um rosto resplandecente como o sol

9. "Transfigurou-se diante deles: o seu rosto resplandeceu como o sol" (Mt 17,2). A cena evangélica da transfiguração de Cristo, na qual os três apóstolos Pedro, Tiago e João aparecem como que extasiados pela beleza do Redentor, pode ser tomada como *ícone da contemplação cristã*. Fixar os olhos no rosto de Cristo, reconhecer o seu mistério no caminho ordinário e doloroso da sua humanidade, até perceber o brilho divino definitivamente manifestado no Ressuscitado glorificado à direita do Pai, é a tarefa de cada discípulo de Cristo; é, por conseguinte, também a nossa tarefa. Contemplando esse rosto, dispomo-nos a acolher o mistério da vida trinitária, para experimentar sempre de novo o amor do Pai e gozar da alegria do Espírito Santo. Realiza-se assim também para nós a palavra de São Paulo: "Refletindo a glória do Senhor, como um espelho, somos transformados de glória em glória, nessa mesma imagem, sempre mais resplandecente, pela ação do Espírito do Senhor" (2Cor 3,18).

Maria, modelo de contemplação

10. A contemplação de Cristo tem em Maria o seu *modelo insuperável*. O rosto do Filho pertence-lhe sob um título especial. Foi no seu ventre que se plasmou, recebendo dela também uma semelhança humana que evoca uma intimidade espiritual certamente ainda maior. À contemplação do rosto de Cristo, ninguém se dedicou com a mesma assiduidade de Maria. Os olhos do seu coração concentram-se de algum modo sobre ele já na Anunciação, quando o concebe por obra do Espírito Santo; nos meses seguintes, começa a sentir sua presença e a pressagiar os contornos. Quando finalmente o dá à luz em Belém, também os seus olhos de carne podem fixar-se com ternura no rosto do Filho, que envolveu em panos e recostou numa manjedoura (cf. Lc 2,7).

Desde então o seu olhar, cheio sempre de reverente estupor, não se separará mais dele. Algumas vezes será um *olhar interrogativo*, como no episódio da perda no templo: "Filho, por que nos fizeste isto?" (Lc 2,48); em todo caso será *um olhar penetrante*, capaz de ler no íntimo de Jesus, a ponto de perceber os seus sentimentos escondidos e adivinhar suas decisões, como em Caná (cf. Jo 2,5); outras vezes, será *um olhar doloroso*, sobretudo aos pés da cruz, onde haverá ainda, de certa forma, o olhar da parturiente, pois Maria não se limitará a compartilhar a paixão e a morte do Unigênito, mas acolherá o novo filho a ela entregue na pessoa do discípulo predileto (cf. Jo 19,26-27); na manhã da Páscoa, será *um olhar radioso* pela alegria da ressurreição e, enfim, *um olhar ardoroso* pela efusão do Espírito no dia de Pentecostes (cf. At 1,14).

As recordações de Maria

11. Maria vive com os olhos fixos em Cristo e guarda cada palavra sua: "Conservava todas essas coisas, ponderando-as no seu coração" (Lc 2,19; cf. 2,51). As recordações de Jesus, estampadas na sua alma, acompanharam-na em cada circunstância, levando-a a percorrer novamente com o pensamento os vários momentos da sua vida junto com o Filho. Foram essas recordações que constituíram, de certo modo, o "rosário" que ela mesma recitou constantemente nos dias da sua vida terrena.

E mesmo agora, entre os cânticos de alegria da Jerusalém celestial, os motivos da sua gratidão e do seu louvor permanecem imutáveis. São eles que inspiram o seu carinho materno pela Igreja peregrina, na qual ela continua a desenvolver a composição da sua "narração" de evangelizadora. *Maria propõe continuamente aos crentes os "mistérios" do seu Filho*, desejando que sejam contemplados, para que possam irradiar toda a sua força salvífica. Quando recita o Rosário, a comunidade cristã sintoniza-se com a lembrança e com o olhar de Maria.

Rosário, oração contemplativa

12. O Rosário, precisamente a partir da experiência de Maria, é *uma oração marcadamente contemplativa*. Privado dessa dimensão, perderia sentido, como sublinhava Paulo VI: "Sem contemplação, o Rosário é um corpo sem alma e a sua recitação corre o perigo de tornar-se uma repetição mecânica de fórmulas e de vir a achar-se em contradição com a advertência de Jesus: 'Na oração não sejais palavrosos como os gentios, que imaginam que hão de ser ouvidos graças à sua verbosidade' (Mt 6,7). Por sua natureza, a recitação do Rosário requer um ritmo tranquilo e certa demora na reflexão, que favoreçam, naquele que ora, a meditação dos mistérios da vida do Senhor, vistos através do Coração daquela que mais de perto esteve em contato com o mesmo Senhor, e que abram o acesso às suas insondáveis riquezas".[1]

Precisamos deter-nos neste profundo pensamento de Paulo VI, para dele extrair algumas dimensões do Rosário que definem melhor o seu caráter próprio de contemplação cristológica.

Recordar Cristo com Maria

13. O contemplar de Maria é, antes de mais, *um recordar*. Convém, no entanto, entender essa palavra no sentido bíblico da memória (*zakar*), que atualiza as obras realizadas por Deus na história da salvação. A Bíblia é narração de acontecimentos salvíficos, que culminam no mesmo Cristo. Esses acontecimentos não constituem somente um "ontem"; *são também o "hoje" da salvação.*

Essa atualização realiza-se particularmente na liturgia: o que Deus realizou séculos atrás não tinha a ver só com as testemunhas diretas dos acontecimentos, mas alcança, pelo seu dom de graça, o homem de todos os tempos. Isso vale, de certo modo, também para qualquer

---

[1] Exort. ap. *Marialis cultus* (2 de fevereiro de 1974), 47: *AAS* 66 (1974), 156.

outra piedosa ligação com aqueles acontecimentos: "fazer memória deles", em atitude de fé e de amor, significa abrir-se à graça que Cristo nos obteve com os seus mistérios de vida, morte e ressurreição.

Por isso, enquanto se reafirma, com o Concílio Vaticano II, que a liturgia, como exercício do ofício sacerdotal de Cristo e culto público, é "a meta para a qual se encaminha a ação da Igreja e a fonte de onde promana toda a sua força",[2] convém ainda lembrar que "a participação na sagrada liturgia não esgota a vida espiritual. O cristão, chamado a rezar em comum, deve também entrar no seu quarto para rezar a sós ao Pai (cf. Mt 6,6); mais, segundo ensina o Apóstolo, deve rezar sem cessar (cf. 1Ts 5,17)".[3] O Rosário, com a sua especificidade, situa-se nesse cenário diversificado da oração "incessante", e se a liturgia, ação de Cristo e da Igreja, é *ação salvífica por excelência*, o Rosário, enquanto meditação sobre Cristo com Maria, é *contemplação salutar*. De fato, a inserção, de mistério em mistério, na vida do Redentor faz com que tudo aquilo que ele realizou, e a liturgia atualiza, seja profundamente assimilado e modele a existência.

Aprender Cristo de Maria

14. Cristo é o Mestre por excelência, o revelador e a revelação. Não se trata somente de aprender as coisas que ele

---

[2] Const. sobre a Sagrada Liturgia *Sacrosanctum Concilium*, 10.

[3] Ibid., 12.

ensinou como também "aprender a ele". Porém, nisto, qual mestra mais experimentada do que Maria? Se do lado de Deus é o Espírito, o Mestre interior, que nos conduz à verdade plena de Cristo (cf. Jo 14,26; 15,26; 16,13), dentre os seres humanos, ninguém melhor do que ela conhece Cristo, ninguém como a Mãe pode introduzir-nos no profundo conhecimento do seu mistério.

O primeiro dos "sinais" realizados por Jesus – a transformação da água em vinho nas bodas de Caná – mostra-nos precisamente Maria no papel de mestra, quando exorta os servos a cumprirem as disposições de Cristo (cf. Jo 2,5). E podemos imaginar que ela tenha desempenhado a mesma função com os discípulos depois da Ascensão de Jesus, quando ficou com eles à espera do Espírito Santo e os animou na primeira missão. Percorrer com ela as cenas do Rosário é como frequentar a "escola" de Maria para ler Cristo, penetrar nos seus segredos, compreender a sua mensagem.

Uma escola, a de Maria, ainda mais eficaz, quando se pensa que ela a dá obtendo-nos os dons do Espírito Santo com abundância e, ao mesmo tempo, propondo-nos o exemplo daquela "peregrinação da fé",[4] na qual é mestra inigualável. Diante de cada mistério do Filho, ela convida-nos, como na sua Anunciação, a colocar humildemente as perguntas que abrem à luz, para concluir sempre com a obediência da fé: "Eis a serva do Senhor, faça-se em mim segundo a tua palavra" (Lc 1,38).

---

[4] Conc. Ecum. Vat. II, Const. dogm. *Lumen gentium*, 58.

Configurar-se a Cristo com Maria

15. A espiritualidade cristã tem como seu caráter qualificador o empenho do discípulo em configurar-se sempre mais com o seu Mestre (cf. Rm 8,29; Fl 3,10.21). A efusão do Espírito no Batismo introduz o crente como ramo na videira que é Cristo (cf. Jo 15,5), constitui-o membro do seu Corpo místico (cf. 1Cor 12,12; Rm 12,5). Mas a essa unidade inicial, deve corresponder um caminho de assimilação progressiva a ele, que oriente sempre mais o comportamento do discípulo conforme a "lógica" de Cristo: "Tende entre vós os mesmos sentimentos que havia em Cristo Jesus" (Fl 2,5). É necessário, segundo as palavras do Apóstolo, "revestir-se de Cristo" (Rm 13,14; Gl 3,27).

No itinerário espiritual do Rosário, fundado na incessante contemplação – em companhia de Maria – do rosto de Cristo, esse ideal exigente de configuração com ele alcança-se através do trato, podemos dizer, "amistoso". Este nos introduz de modo natural na vida de Cristo e como que nos faz "respirar" os seus sentimentos. A esse respeito diz o Beato Bartolo Longo: "Tal como dois amigos, que se encontram constantemente, costumam configurar-se até mesmo nos hábitos, assim também nós, conversando familiarmente com Jesus e a Virgem, ao meditar os mistérios do Rosário, vivendo unidos uma mesma vida pela Comunhão, podemos vir a ser, porquanto possível à nossa pequenez, semelhantes a eles, e aprender desses supremos modelos a vida humilde, pobre, escondida, paciente e perfeita".[5]

---

[5] *Os Quinze Sábados do Santíssimo Rosário*, 27 (ed. Pompeia, 1916), p. 27.

Nesse processo de configuração a Cristo no Rosário, confiamo-nos, de modo particular, à ação maternal da Virgem Santa. Aquela que é Mãe de Cristo, pertence ela mesma à Igreja como seu "membro eminente e inteiramente singular",[6] sendo, ao mesmo tempo, a "Mãe da Igreja". Como tal, "gera" continuamente filhos para o Corpo místico do Filho. Fá-lo mediante a intercessão, implorando para eles a efusão inesgotável do Espírito. Ela é *o perfeito ícone da maternidade da Igreja.*

O Rosário transporta-nos misticamente para junto de Maria, dedicada a acompanhar o crescimento humano de Cristo na casa de Nazaré. Isso lhe permite educar-nos e plasmar-nos, com a mesma solicitude, até que Cristo esteja formado em nós plenamente (cf. Gl 4,19). Essa ação de Maria, totalmente fundada sobre a de Cristo e a essa radicalmente subordinada, "não impede minimamente a união imediata dos crentes com Cristo, antes a facilita".[7] É o princípio luminoso expresso pelo Concílio Vaticano II, que provei com tanta força na minha vida, colocando-o na base do meu lema episcopal: *Totus tuus.*[8] Um lema, como é sabido, inspirado na doutrina de São Luís Maria Grignion de Montfort, que assim explica o papel de Maria no processo de configuração a Cristo de cada um de nós: "*Toda a nossa perfeição consiste em sermos configurados, unidos e*

---

[6] Conc. Ecum. Vat. II, Const. dogm. *Lumen gentium*, 53.

[7] Ibid., 60.

[8] Cf. Primeira Radiomensagem *Urbi et orbi* (17 de outubro de 1978): *AAS* 70 (1978), 927.

consagrados a Jesus Cristo. Portanto, a mais perfeita de todas as devoções é incontestavelmente aquela que nos configura, une e consagra mais perfeitamente a Jesus Cristo. Ora, sendo Maria entre todas as criaturas a mais configurada a Jesus Cristo, daí se conclui que de todas as devoções, a que melhor consagra e configura uma alma a Nosso Senhor é a devoção a Maria, sua santa Mãe; e quanto mais uma alma for consagrada a Maria, tanto mais será a Jesus Cristo".[9] Nunca como no Rosário o caminho de Cristo e o de Maria aparecem unidos tão profundamente. Maria só vive em Cristo e em função de Cristo.

Suplicar a Cristo com Maria

16. Cristo convidou a dirigirmo-nos a Deus com insistência e confiança para ser escutados: "Pedi e vos será dado; procurai e encontrareis; batei e vos sereis aberto" (Mt 7,7). O fundamento dessa eficácia da oração é a bondade do Pai, mas também a mediação junto dele por parte do mesmo Cristo (cf. 1Jo 2,1) e a ação do Espírito Santo, que "intercede por nós" conforme os desígnios de Deus (cf. Rm 8,26-27). De fato, nós "não sabemos o que devemos pedir em nossas orações" (Rm 8,26) e, às vezes, não somos atendidos "porque pedimos mal" (Tg 4,3).

Em apoio à oração que Cristo e o Espírito fazem brotar no nosso coração, intervém Maria com a sua materna intercessão. "A oração da Igreja é como que sustentada pela

---

[9] Tratado da verdadeira devoção a Maria, 120, em: *Obras*: escritos espirituais (Roma 1990), v. 1, p. 430.

oração de Maria".[10] De fato, se Jesus, único Mediador, é o Caminho da nossa oração, Maria, pura transparência dele, mostra o Caminho, e "é a partir dessa singular cooperação de Maria com a ação do Espírito Santo que as Igrejas cultivaram a oração à santa Mãe de Deus, centrando-a na pessoa de Cristo manifestada nos seus mistérios".[11] Nas bodas de Caná, o Evangelho mostra precisamente a eficácia da intercessão de Maria, que se faz porta-voz junto de Jesus das necessidades humanas: "Não têm vinho" (Jo 2,3).

O Rosário é ao mesmo tempo meditação e súplica. A imploração insistente da Mãe de Deus apoia-se na confiança de que a sua materna intercessão tudo pode no coração do Filho. Ela é "onipotente por graça", como, com expressão audaz a ser bem entendida, dizia o Beato Bartolo Longo na sua *Súplica à Virgem*.[12] Uma certeza que, a partir do Evangelho, se foi consolidando através da experiência do povo cristão. O grande poeta Dante, na linha de São Bernardo, interpreta-a estupendamente, quando canta: *"Donna, se' tanto grande e tanto vali, / che qual vuol grazia e a te non ricorre, / sua disianza vuol volar sanz'ali"*.[13] No Rosário,

---

[10] *Catecismo da Igreja Católica*, 2679.

[11] Ibid., 2675.

[12] A *Súplica à Rainha do Santo Rosário*, que se recita solenemente duas vezes ao ano, em maio e outubro, foi composta pelo Beato Bartolo Longo em 1883, como adesão ao convite feito aos católicos pelo Papa Leão XIII, na sua primeira Encíclica sobre o Rosário, de um empenho espiritual para enfrentar os males da sociedade.

[13] *Divina Comédia*, Par. XXXIII, 13-15 ("Mulher, és tão grande e tanto vales, / que quem deseja uma graça e a vós não se dirige, é como se quisesse voar sem asas").

Maria, santuário do Espírito Santo (cf. Lc 1,35), ao ser suplicada por nós, apresenta-se em nosso favor diante do Pai, que a cumulou de graça, e do Filho nascido das suas entranhas, pedindo conosco e por nós.

Anunciar Cristo com Maria

17. O Rosário é também *um itinerário de anúncio e aprofundamento*, no qual o mistério de Cristo é continuamente oferecido aos diversos níveis da experiência cristã. O módulo é o de uma apresentação orante e contemplativa, que visa plasmar o discípulo segundo o coração de Cristo. De fato, se na recitação do Rosário todos os elementos para uma meditação eficaz forem devidamente valorizados, torna-se, especialmente na celebração comunitária nas paróquias e nos santuários, uma *significativa oportunidade catequética* que os Pastores devem saber aproveitar. A Virgem do Rosário continua também, desse modo, a sua obra de anúncio de Cristo. A história do Rosário mostra como essa oração foi utilizada especialmente pelos Dominicanos, num momento difícil para a Igreja por causa da difusão da heresia. Hoje encontramo-nos diante de novos desafios. Por que não retomar na mão o terço com a fé dos que nos precederam? O Rosário conserva toda a sua força e permanece um recurso não descurável na bagagem pastoral de todo bom evangelizador.

Capítulo II
MISTÉRIOS DE CRISTO MISTÉRIOS DA MÃE

O Rosário, "compêndio do Evangelho"

18. À contemplação do rosto de Cristo só podemos introduzir-nos escutando, no Espírito, a voz do Pai, porque "ninguém conhece o Filho senão o Pai" (Mt 11,27). Nas proximidades de Cesareia de Filipe, perante a confissão de Pedro, Jesus especificará a fonte de uma tão clara intuição da sua identidade: "Não foram a carne nem o sangue quem te revelou, mas o meu Pai que está nos céus" (Mt 16,17). É, pois, necessária a revelação do alto. Mas, para acolhê-la, é indispensável colocar-se à escuta: "Só *a experiência do silêncio e da oração* oferece o ambiente adequado para maturar e desenvolver-se um conhecimento mais verdadeiro, aderente e coerente daquele mistério".[1]

O Rosário é um dos percursos tradicionais da oração cristã aplicada à contemplação do rosto de Cristo. Paulo VI assim o descreveu: "Oração evangélica, centrada sobre o mistério da Encarnação redentora, o *Rosário* é, por isso mesmo, uma prece de orientação profundamente

---

[1] João Paulo II, Carta ap. *Novo millennio ineunte* (6 de janeiro de 2001), 20: *AAS* 93 (2001), 279.

cristológica. Na verdade, o seu elemento mais característico – a repetição litânica do *'Alegra-te, Maria'* – torna-se também ele louvor incessante a Cristo, objetivo último do anúncio do Anjo e da saudação da mãe do Batista: 'Bendito o fruto do teu ventre' (Lc 1,42). Diremos mais ainda: a repetição da Ave-Maria constitui a urdidura sobre a qual se desenrola a contemplação dos mistérios; aquele Jesus que cada Ave-Maria relembra é o mesmo que a sucessão dos mistérios propõe, uma e outra vez, como Filho de Deus e da Virgem Santíssima".[2]

Uma inserção oportuna

19. De tantos mistérios da vida de Cristo, o Rosário, tal como se consolidou na prática mais comum confirmada pela autoridade eclesial, aponta só alguns. Tal seleção foi ditada pela estruturação originária dessa oração, que adotou o número 150 como o dos Salmos.

Considero, no entanto, que, para reforçar a espessura cristológica do Rosário, seja oportuna uma inserção que, embora deixada à livre valorização de cada pessoa e das comunidades, lhes permita abraçar também *os mistérios da vida pública de Cristo entre o Batismo e a Paixão*. Com efeito, é no âmbito desses mistérios que contemplamos aspectos importantes da pessoa de Cristo, como revelador definitivo de Deus. É ele que, declarado Filho dileto do Pai no Batismo do Jordão, anuncia a vinda do Reino, testemunha-a com

---

[2] Exort. ap. *Marialis cultus* (2 de fevereiro de 1974), 46: *AAS* 66 (1974), 155.

as obras e proclama as suas exigências. É nos anos da vida pública que *o mistério de Cristo se mostra de forma especial como mistério de luz*: "Enquanto estou no mundo, sou a Luz do mundo" (Jo 9,5).

Para que o Rosário possa considerar-se mais plenamente "compêndio do Evangelho", é conveniente que, depois de recordar a encarnação e a vida oculta de Cristo (*mistérios da alegria*), e antes de se deter nos sofrimentos da paixão (*mistérios da dor*), e no triunfo da ressurreição (*mistérios da glória*), a meditação se concentre também sobre alguns momentos particularmente significativos da vida pública (*mistérios da luz*). Essa inserção de novos mistérios, sem prejudicar nenhum aspecto essencial do esquema tradicional dessa oração, visa fazê-la viver com renovado interesse na espiritualidade cristã, como verdadeira introdução na profundidade do Coração de Cristo, abismo de alegria e de luz, de dor e de glória.

Mistérios da alegria

20. O primeiro ciclo, o dos "mistérios gozosos", caracteriza-se de fato pela *alegria que irradia do acontecimento da Encarnação*. Isso é evidente desde a Anunciação, quando a saudação de Gabriel à Virgem de Nazaré se liga ao convite da alegria messiânica: "Alegra-te, Maria!". Para este anúncio se encaminha a história da salvação, e até, de certo modo, a história do mundo. De fato, se o desígnio do Pai é recapitular em Cristo todas as coisas (cf. Ef 1,10), então todo o universo de algum modo é alcançado pelo favor divino, com o qual o Pai se inclina sobre Maria para torná-la Mãe do seu Filho. Por sua vez, toda a humanidade está como que incluída no *fiat* com que ela corresponde prontamente à vontade de Deus.

Sob o signo da exultação, aparece depois a cena do encontro com Isabel, onde a mesma voz de Maria e a presença de Cristo no seu ventre fazem "saltar de alegria" João (cf. Lc 1,44). Inundada de alegria é a cena de Belém, onde o nascimento do Deus-Menino, o Salvador do mundo, é cantado pelos anjos e anunciado aos pastores precisamente como "uma grande alegria" (Lc 2,10).

Os dois últimos mistérios, porém, mesmo conservando o sabor da alegria, *antecipam já os sinais do drama*. A apresentação no templo, de fato, enquanto exprime a alegria da consagração e extasia o velho Simeão, regista também a profecia do "sinal de contradição" que o Menino será para Israel e da espada que trespassará a alma da Mãe (cf. Lc 2,34-35). Gozoso e ao mesmo tempo dramático é também o episódio de Jesus, aos doze anos, no templo. Vemo-lo aqui na sua divina sabedoria, enquanto escuta e interroga, e substancialmente no papel daquele que "ensina". A revelação do seu mistério de Filho totalmente dedicado às coisas do Pai é anúncio daquela radicalidade evangélica que põe, inclusive, em crise os laços mais caros do homem, diante das exigências absolutas do Reino. Até José e Maria, aflitos e angustiados, "não entenderam" as suas palavras (Lc 2,50).

Por isso, meditar os mistérios gozosos significa entrar nas motivações últimas e no significado profundo da alegria cristã. Significa fixar o olhar sobre a realidade concreta do mistério da Encarnação e sobre o obscuro prenúncio do mistério do sofrimento salvífico. Maria leva-nos a aprender o segredo da alegria cristã, lembrando-nos de que o cristianismo é, antes de mais nada, *evangelion*, "boa-nova", que tem o seu centro, antes, o seu mesmo conteúdo, na pessoa de Cristo, o Verbo feito carne, único Salvador do mundo.

Mistérios da luz

21. Passando da infância e da vida de Nazaré à vida pública de Jesus, a contemplação leva-nos aos mistérios que se podem chamar, por especial título, "mistérios da luz". Na verdade, *todo o mistério de Cristo é luz*. Ele é a "luz do mundo" (Jo 8,12). Mas essa dimensão emerge particularmente *nos anos da vida pública*, quando ele anuncia o Evangelho do Reino. Querendo indicar à comunidade cristã cinco momentos significativos – mistérios luminosos – dessa fase da vida de Cristo, considero que se podem justamente individuar: 1º no seu Batismo no Jordão, 2º na sua autorrevelação nas bodas de Caná, 3º no seu anúncio do Reino de Deus com o convite à conversão, 4º na sua Transfiguração e, enfim, 5º na instituição da Eucaristia, expressão sacramental do mistério pascal.

Cada um desses mistérios é *revelação do Reino divino já personificado no mesmo Jesus*. Primeiramente é mistério de luz o Batismo no Jordão. Aqui, enquanto Cristo desce à água do rio, como inocente que se faz pecado por nós (cf. 2Cor 5,21), o céu abre-se e a voz do Pai proclama-o Filho dileto (cf. Mt 3,17par), ao mesmo tempo que o Espírito vem sobre ele para investi-lo na missão que o espera. Mistério de luz é o início dos sinais em Caná (cf. Jo 2,1-12), quando Cristo, transformando a água em vinho, abre à fé o coração dos discípulos graças à intervenção de Maria, a primeira entre os crentes. Mistério de luz é a pregação com a qual Jesus anuncia o advento do Reino de Deus e convida à conversão (cf. Mc 1,15), perdoando os pecados de quem a ele se dirige com humilde confiança (cf. Mc 2,3-13; Lc 7,47-48), início do ministério de misericórdia que ele prosseguirá exercendo até ao fim do mundo, especialmente através do sacramento da Reconciliação confiado à sua Igreja (cf. Jo 20,22-23). Mistério de luz por excelência é a Transfiguração que, segundo a tradição, se deu no monte Tabor. A glória da Divindade reluz no rosto de Cristo, enquanto o Pai o acredita aos Apóstolos extasiados para que o "escutem" (cf. Lc 9,35par) e se disponham a viver com ele o momento doloroso da Paixão, a fim de chegarem com ele à glória da Ressurreição e a uma vida transfigurada pelo Espírito Santo. Mistério de luz é, enfim, a instituição da Eucaristia, na qual Cristo se faz alimento com o seu Corpo e o seu Sangue sob os sinais do pão e do vinho, testemunhando "até ao extremo" o seu amor pela humanidade (Jo 13,1), por cuja salvação se oferecerá em sacrifício.

Nesses mistérios, à exceção de Caná, *a presença de Maria fica em segundo plano.* Os Evangelhos mencionam apenas alguma presença ocasional dela no tempo da pregação de Jesus (cf. Mc 3,31-35; Jo 2,12) e nada dizem de uma eventual presença no Cenáculo, durante a instituição da Eucaristia.

Mas a função que desempenha em Caná acompanha, de algum modo, todo o caminho de Cristo. A revelação, que no Batismo do Jordão é oferecida diretamente pelo Pai e confirmada pelo Batista, está na sua boca em Caná, e torna-se a grande advertência materna que ela dirige à Igreja de todos os tempos: "Fazei o que ele vos disser" (Jo 2,5). Advertência essa que introduz bem as palavras e os sinais de Cristo durante a vida pública, constituindo o fundo mariano de todos os "mistérios da luz".

Mistérios da dor

22. Os Evangelhos dão grande relevo aos mistérios da dor de Cristo. A piedade cristã desde sempre, especialmente na Quaresma, através do exercício da via-sacra, deteve-se em cada um dos momentos da Paixão, intuindo que aqui está *o ápice da revelação do amor* e a fonte da nossa salvação. O Rosário escolhe alguns momentos da Paixão, induzindo o orante a fixar neles o olhar do coração e a revivê-los. O itinerário meditativo abre-se com o Getsêmani, onde Cristo vive um momento de particular angústia perante a vontade do Pai, contra a qual a debilidade da carne seria tentada a revoltar-se. Ali Cristo põe-se no lugar de todas as tentações da humanidade, e diante de todos os seus pecados, para dizer ao Pai: "Não se faça a minha vontade, mas a tua" (Lc 22,42 e par). Esse seu "sim" muda o "não" dos pais no Éden. E o quanto lhe deverá custar essa adesão à vontade do Pai, emerge dos mistérios seguintes, nos quais, com a flagelação, a coroação de espinhos, a subida ao Calvário, a morte na cruz, ele é lançado no maior desprezo: *Ecce homo*!

Nesse desprezo, revela-se não somente o amor de Deus como também o mesmo sentido do homem. *Ecce homo*: quem quiser conhecer o homem, deve saber reconhecer o seu sentido, a sua raiz e o seu cumprimento em Cristo, Deus que se rebaixa por amor "até à morte, e morte de cruz" (Fl 2,8). Os mistérios da dor levam o crente a reviver a morte de Jesus, pondo-se aos pés da cruz junto de Maria, para com ela penetrar no abismo do amor de Deus pelo homem e sentir toda a sua força regeneradora.

Mistérios da glória

23. "A contemplação do rosto de Cristo não pode deter-se na imagem do crucificado. Ele é o Ressuscitado!".[3] O Rosário sempre expressou essa certeza da fé, convidando o crente a ultrapassar as trevas da Paixão, para fixar o olhar na glória de Cristo com a Ressurreição e a Ascensão. Contemplando o Ressuscitado, o cristão *descobre novamente as razões da própria fé* (cf. 1Cor 15,14) e revive não só a alegria daqueles a quem Cristo se manifestou – os Apóstolos, a Madalena, os discípulos de Emaús – como também *a alegria de Maria*, que deverá ter tido uma experiência não menos intensa da nova existência do Filho glorificado. A essa glória, em que com a Ascensão Cristo se senta à direita do Pai, ela mesma será elevada com a Assunção, chegando, por especialíssimo privilégio, a antecipar o destino reservado a todos os justos com a ressurreição

---

[3] João Paulo II, Carta ap. *Novo millennio ineunte* (6 de janeiro de 2001), 28: *AAS* 93 (2001), 284.

da carne. Enfim, coroada de glória – como aparece no último mistério glorioso –, ela resplandece como Rainha dos Anjos e dos Santos, antecipação e ponto culminante da condição escatológica da Igreja.

No centro desse itinerário de glória do Filho e da Mãe, o Rosário põe, no terceiro mistério glorioso, o Pentecostes, que mostra o rosto da Igreja como família reunida com Maria, fortalecida pela poderosa efusão do Espírito, pronta para a missão evangelizadora. No âmbito da realidade da Igreja, a contemplação desse, como dos outros mistérios gloriosos, deve levar os crentes a tomarem uma consciência cada vez mais viva da sua nova existência em Cristo, uma existência de que o Pentecostes constitui o grande "ícone". Dessa forma, os mistérios gloriosos alimentam nos crentes *a esperança da meta escatológica*, para onde caminham como membros do Povo de Deus peregrino na história. Isso não pode deixar de impeli-los a um corajoso testemunho daquela "grande alegria" que dá sentido a toda sua vida.

Dos "mistérios" ao "Mistério": o caminho de Maria

24. Esses ciclos meditativos propostos no Santo Rosário não são certamente exaustivos, mas apelam ao essencial, introduzindo o espírito no gosto de um conhecimento de Cristo que brota continuamente da fonte límpida do texto evangélico. Cada passagem da vida de Cristo, como é narrada pelos evangelistas, reflete aquele Mistério que supera todo conhecimento (cf. Ef 3,19). É o Mistério do Verbo feito carne, no qual "habita corporalmente toda a plenitude da divindade" (Cl 2,9). Por isso, o *Catecismo da Igreja Católica* insiste tanto nos mistérios de Cristo, lembrando que "tudo na vida de Jesus é sinal do seu Mistério".[4] O *duc in altum* da Igreja no terceiro milênio é medido pela capacidade dos cristãos de "conhecerem o mistério de Deus, isto é, Cristo, no qual estão escondidos todos os tesouros da sabedoria e da ciência" (Cl 2,2-3). A cada batizado é dirigido esse voto ardente da Carta aos Efésios: "Que Cristo habite pela fé nos vossos corações, de sorte que, arraigados e fundados na caridade, possais [...] compreender o amor de Cristo, que excede toda a ciência, para que sejais cheios de toda a plenitude de Deus" (3,17-19).

O Rosário coloca-se ao serviço desse ideal, oferecendo o "segredo" para se abrir mais facilmente a um conhecimento profundo e empenhado de Cristo. Digamos que é *o caminho de Maria*. É o caminho do exemplo da Virgem de Nazaré, mulher de fé, de silêncio e de escuta. É, ao mesmo tempo, o caminho de uma devoção mariana animada pela certeza da relação indivisível que liga Cristo a sua Mãe Santíssima: os *mistérios de Cristo* são também, de certo modo, os *mistérios da Mãe*, mesmo quando não está diretamente envolvida, pelo fato de ela viver dele e para ele. Na Ave-Maria, apropriando-nos das palavras do Arcanjo Gabriel e de Santa Isabel, sentimo-nos levados a procurar sempre de novo em Maria, nos seus braços e no seu coração, o "fruto bendito do seu ventre" (cf. Lc 1,42).

---

[4] N. 515.

Mistério de Cristo, "mistério" do homem

25. No citado testemunho de 1978 sobre o Rosário como minha oração predileta, exprimi um conceito sobre o qual desejo retornar. Dizia então que "a simples oração do Rosário marca o ritmo da vida humana".[5]

À luz das reflexões desenvolvidas até agora sobre os mistérios de Cristo, não é difícil aprofundar essa *implicação antropológica* do Rosário; uma implicação mais radical do que possa parecer à primeira vista. Quem contempla a Cristo, percorrendo as etapas da sua vida, não pode deixar de aprender dele *a verdade sobre o homem*. É a grande afirmação do Concílio Vaticano II que, desde a Carta encíclica *Redemptor hominis*, tantas vezes fiz objeto do meu magistério: "Na realidade, o mistério do homem só no mistério do Verbo encarnado se esclarece verdadeiramente".[6] O Rosário ajuda a abrir-se a essa luz. Seguindo o caminho de Cristo, no qual o caminho do homem é "recapitulado",[7] manifestado e redimido, o crente põe-se diante da imagem do homem verdadeiro. Contemplando o seu nascimento aprende a sacralidade da vida, olhando para a casa de Nazaré aprende a verdade originária da família segundo o desígnio de Deus, escutando o Mestre nos mistérios da vida pública recebe a luz para entrar no Reino de Deus, e seguindo-o no caminho para o Calvário aprende o sentido da dor salvífica.

---

[5] *Angelus* do dia 29 de outubro de 1978: *L'Osservatore Romano* (ed. portuguesa: 5 de novembro de 1978), 1.

[6] Const. past. sobre a Igreja no mundo contemporâneo *Gaudium et spes*, 22.

[7] Santo Ireneu de Lião, *Adversus haereses*, III, 18,1: *PG* 7, 932.

Contemplando, enfim, a Cristo e sua Mãe na glória, vê a meta para a qual cada um de nós é chamado, se se deixa curar e transfigurar pelo Espírito Santo. Pode-se dizer, portanto, que cada mistério do Rosário, bem meditado, ilumina o mistério do homem.

Ao mesmo tempo, torna-se natural levar a esse encontro com a humanidade santa do Redentor os numerosos problemas, agruras, fadigas e projetos que definem a nossa vida. "Descarrega sobre o Senhor os teus cuidados, e ele te sustentará" (Sl 55,23). Meditar com o Rosário significa entregar os nossos cuidados aos corações misericordiosos de Cristo e da sua Mãe. À distância de vinte e cinco anos, ao reconsiderar as provações que não faltaram nem mesmo no exercício do ministério petrino, desejo insistir, como para convidar calorosamente a todos, a fim de que experimentem pessoalmente isso mesmo: verdadeiramente o Rosário "marca o ritmo da vida humana" para harmonizá-la com o ritmo da vida divina, na gozosa comunhão da Santíssima Trindade, destino e aspiração da nossa existência.

Capítulo III

"PARA MIM, O VIVER É CRISTO"

O Rosário, caminho de assimilação do mistério

26. A meditação dos mistérios de Cristo é proposta no Rosário com um método característico, apropriado por sua natureza para favorecer a assimilação dos mesmos. É o método *baseado na repetição*. Isso é visível sobretudo com a Ave-Maria, repetida dez vezes em cada mistério. Considerando superficialmente tal repetição, pode-se ser tentado a ver o Rosário como uma prática árida e aborrecida. Chega-se, porém, a uma ideia muito diferente, quando se considera o terço como expressão daquele amor que não se cansa de voltar à pessoa amada com efusões que, apesar de semelhantes na sua manifestação, são sempre novas pelo sentimento que as permeia.

Em Cristo, Deus assumiu verdadeiramente um "coração de carne". Não tem apenas um coração divino, rico de misericórdia e perdão, mas também um coração humano, capaz de todas as vibrações de afeto. Se houvesse necessidade de um testemunho evangélico disso mesmo, não seria difícil encontrá-lo no diálogo comovente de Cristo com Pedro depois da ressurreição: "Simão, filho de João, tu me amas?". Por três vezes é feita a pergunta, e três vezes recebe como resposta: "Senhor, tu sabes que te amo" (cf. Jo 21,15-17). Além do significado específico do texto, tão importante para a missão de Pedro, não passa despercebida a ninguém a beleza dessa *tríplice repetição*, na qual a solicitação insistente e a respectiva resposta são expressas com termos bem conhecidos da experiência universal do amor humano. Para compreender o Rosário, é preciso entrar na dinâmica psicológica típica do amor.

Uma coisa é clara. Se a repetição da Ave-Maria se dirige diretamente a Maria, com ela e por ela é para Jesus que, em última análise, vai o ato de amor. A repetição alimenta-se do desejo de uma conformação cada vez mais plena de Cristo, verdadeiro "programa" da vida cristã. São Paulo enunciou esse programa com palavras cheias de ardor: "Para mim, o viver é Cristo e o morrer é lucro" (Fl 1,21). E ainda: "Já não sou eu que vivo, é Cristo que vive em mim" (Gl 2,20). O Rosário ajuda-nos a crescer nessa conformação até à meta da santidade.

Um método válido...

27. Não deve maravilhar-nos o fato de a relação com Cristo se servir também do auxílio de um método. Deus comunica-se ao homem, respeitando o modo de ser da nossa natureza e os seus ritmos vitais. Por isso a espiritualidade cristã, embora conhecendo as formas mais sublimes do silêncio místico onde todas as imagens, palavras e gestos ficam superados pela intensidade de uma inefável união do homem com Deus, normalmente passa pelo envolvimento total da pessoa, na sua complexa realidade psicofísica e relacional. Isso é evidente *na liturgia.*

Os sacramentos e os sacramentais estão estruturados com uma série de ritos, em que se faz apelo às diversas dimensões da pessoa. E a mesma exigência transparece da oração não litúrgica. A confirmá-lo está o fato de a oração mais característica de meditação cristológica no Oriente, que se centra nas palavras "Jesus Cristo, Filho de Deus, Senhor, tem piedade de mim, pecador",[1] estar tradicionalmente ligada ao ritmo da respiração: ao mesmo tempo que isso facilita a perseverança na invocação, assegura quase uma densidade física ao desejo de que Cristo se torne a respiração, a alma e o "tudo" da vida.

... que todavia pode ser melhorado

28. Recordei na Carta apostólica *Novo millennio ineunte* que há hoje, mesmo no Ocidente, uma renovada exigência de meditação, que se vê às vezes promovida em outras religiões com modalidades cativantes.[2] Não faltam cristãos que, por reduzido conhecimento da tradição contemplativa cristã, se deixam aliciar por tais propostas. Apesar de possuírem elementos positivos e às vezes compatíveis com a experiência cristã, todavia, escondem frequentemente um fundo ideológico inaceitável. Em tais experiências, é muito comum aparecer uma metodologia que, tendo por

---

[1] *Catecismo da Igreja Católica*, 2616.
[2] Cf. n. 33: *AAS* 93 (2001), 289.

objetivo uma alta concentração espiritual, recorre a técnicas repetitivas e simbólicas de caráter psicofísico. O Rosário coloca-se nesse quadro universal da fenomenologia religiosa, mas apresenta características próprias que correspondem às exigências típicas da especificidade cristã.

Na realidade, trata-se simplesmente de um método para contemplar. E, como método que é, há de ser utilizado em ordem ao seu fim, e não como fim em si mesmo. Mas, sendo fruto de uma experiência secular, o próprio método não deve ser subestimado. Abona em seu favor a experiência de inumeráveis santos. Isso, porém, não impede que seja melhorado. Tal é o objetivo da inserção, no ciclo dos mistérios, da nova série dos *mysteria lucis*, juntamente com algumas sugestões relativas à recitação, que proponho nesta Carta. Através delas, embora respeitando a estrutura amplamente consolidada dessa oração, queria ajudar os fiéis a compreendê-la nos seus aspectos simbólicos, em sintonia com as exigências da vida cotidiana. Sem isso, o Rosário corre o risco não só de não produzir os efeitos espirituais desejados como também de o terço, com que habitualmente é recitado, acabar por ser visto quase como um amuleto ou objeto mágico, com uma adulteração radical do seu sentido e função.

A enunciação do mistério

29. Enunciar o mistério, com a possibilidade até de fixar contextualmente um ícone que o represente, é como *abrir um cenário* sobre o qual se concentra a atenção. As palavras orientam a imaginação e o espírito para aquele episódio ou momento concreto da vida de Cristo. Na espiritualidade que se foi desenvolvendo na Igreja, tanto a veneração de ícones como inúmeras devoções ricas de elementos sensíveis, e mesmo o método proposto por Santo Inácio de Loyola nos *Exercícios Espirituais*, recorrem ao elemento visível e figurativo (a chamada *compositio loci*), considerando-o de grande ajuda para facilitar a concentração do espírito no mistério. Aliás, é uma metodologia que *corresponde à própria lógica da Encarnação*: em Jesus, Deus quis tomar feições humanas. É através da sua realidade corpórea que somos levados a tomar contato com o seu mistério divino.

É a essa exigência de concretização que dá resposta a enunciação dos vários mistérios do Rosário. Certamente, esses não substituem o Evangelho nem fazem referência a todas as suas páginas. Por isso, o Rosário não substitui a *lectio divina*; pelo contrário, supõe-na e promove-a. Mas, se os mistérios considerados no Rosário, completados agora com os *mysteria lucis*, se limitam aos traços fundamentais da vida de Cristo, o espírito pode facilmente, a partir deles, estender-se ao resto do Evangelho, sobretudo quando o Rosário é recitado em momentos particulares de prolongado silêncio.

A escuta da Palavra de Deus

30. A fim de dar fundamentação bíblica e maior profundidade à meditação, é útil que a enunciação do mistério seja acompanhada pela *proclamação de uma passagem bíblica alusiva*, que, segundo as circunstâncias, pode ser mais ou menos longa. De fato, as outras palavras não atingem nunca a eficácia própria da palavra inspirada. Esta há de ser escutada com a certeza de que é Palavra de Deus, pronunciada para o dia de hoje e "para mim".

Assim acolhida, ela entra na metodologia de repetição do Rosário, sem provocar o enfado que derivaria de uma simples evocação de informação já bem conhecida. Não, não se trata de trazer à memória uma informação, mas de *deixar Deus* "falar". Em ocasiões solenes e comunitárias, essa palavra pode ser devidamente ilustrada com um breve comentário.

O silêncio

31. *A escuta e a meditação alimentam-se de silêncio.* Por isso, após a enunciação do mistério e a proclamação da Palavra, é conveniente parar, durante um côngruo período de tempo, a fixar o olhar sobre o mistério meditado, antes de começar a oração vocal. A redescoberta do valor do silêncio é um dos segredos para a prática da contemplação e da meditação. Entre as limitações de uma sociedade de forte predominância tecnológica e mediática, conta-se o fato de se tornar cada vez mais difícil o silêncio. Tal como na liturgia se recomendam momentos de silêncio, assim também na recitação do Rosário é oportuno fazer uma pausa depois da escuta da Palavra de Deus, enquanto o espírito se fixa no conteúdo do relativo mistério.

O Pai-Nosso

32. Após a escuta da Palavra e a concentração no mistério, é natural que *o espírito se eleve para o Pai*. Em cada um dos seus mistérios, Jesus leva-nos sempre até ao Pai, para quem ele se volta continuamente porque repousa no seu "seio" (cf. Jo 1,18). Quer introduzir-nos na intimidade do Pai, para dizermos com ele: *"Abbá*, Pai" (Rm 8,5; Gl 4,6). É em relação ao Pai que ele nos torna irmãos seus e entre nós, ao comunicar-nos o Espírito que é conjuntamente dele e do Pai. O Pai-Nosso, colocado quase como alicerce da meditação cristológico-mariana que se desenrola através da repetição da Ave-Maria, torna a meditação do mistério, mesmo quando é feita a sós, uma experiência eclesial.

As dez Ave-Marias

33. Esse elemento é o mais encorpado do Rosário e também o que faz dele uma oração mariana por excelência. Mas, à luz da própria Ave-Maria, bem entendida, nota-se claramente que o caráter mariano não só não se opõe ao cristológico como também o sublinha e exalta. De fato, a primeira parte da Ave-Maria, tirada das palavras dirigidas a Maria pelo Anjo Gabriel e por Santa Isabel, é contemplação adoradora do mistério que se realiza na Virgem de Nazaré. Exprimem, por assim dizer, a admiração do céu e da terra, e deixam de certo modo transparecer o encanto do próprio Deus ao contemplar a sua obra-prima – a encarnação do Filho no ventre virginal de Maria –, na linha daquele olhar contente do Gênesis (cf. Gn 1,31), daquele primordial *"pathos* com que Deus, na aurora da criação, contemplou a obra das suas mãos".[3] A repetição da Ave-Maria no Rosário

---

[3] João Paulo II, *Carta aos Artistas* (4 de abril de 1999), 1: *AAS* 91 (1999), 1155.

sintoniza-nos com esse encanto de Deus: é júbilo, admiração, reconhecimento do maior milagre da história. É o cumprimento da profecia de Maria: "Desde agora, todas as gerações hão de me chamar ditosa" (Lc 1,48).

O baricentro da Ave-Maria, uma espécie de charneira entre a primeira parte e a segunda, é o *nome de Jesus*. Às vezes, na recitação precipitada, perde-se tal baricentro e, com ele, também a ligação ao mistério de Jesus que se está a contemplar. Ora, é precisamente pela acentuação dada ao nome de Jesus e ao seu mistério que se caracteriza a recitação expressiva e frutuosa do Rosário. Já Paulo VI recordou na Exortação apostólica *Marialis cultus* o costume, existente em algumas regiões, de dar realce ao nome de Cristo acrescentando-lhe uma cláusula evocativa do mistério que se está meditando.[4] É um louvável costume, sobretudo na recitação pública. Exprime de forma intensa a fé cristológica, aplicada aos diversos momentos da vida do Redentor. É *profissão de fé* e, ao mesmo tempo, um auxílio para permanecer em meditação, permitindo dar vida à função assimiladora, contida na repetição da Ave-Maria, relativamente ao mistério de Cristo. Repetir o nome de Jesus – o único nome do qual se pode esperar a salvação (cf. At 4,12) – enlaçado com o da Mãe Santíssima, e de certo modo deixando que seja ela própria a sugeri-lo a nós, constitui um caminho de assimilação que quer fazer-nos penetrar cada vez mais profundamente na vida de Cristo.

---

[4] Cf. n. 46: *AAS* 66 (1974), 155. Tal costume foi louvado ainda recentemente pela Congregação do Culto Divino e da Disciplina dos Sacramentos, no *Diretório sobre piedade popular e liturgia: princípios e orientações* (17 de dezembro de 2001), 201 (Cidade do Vaticano 2002), p. 165.

Dessa relação muito especial de Maria com Cristo, que faz dela a Mãe de Deus, a *Theotòkos*, deriva a força da súplica com que nos dirigimos a ela depois na segunda parte da oração, confiando à sua materna intercessão a nossa vida e a hora da nossa morte.

O Glória

34. A doxologia trinitária é a meta da contemplação cristã. De fato, Cristo é o caminho que nos conduz ao Pai no Espírito. Se percorrermos em profundidade esse caminho, achamo-nos continuamente na presença do mistério das três Pessoas divinas, para as louvar, adorar, agradecer. É importante que o *Glória, apogeu da contemplação*, seja posto em grande evidência no Rosário. Na recitação pública, poder-se-ia cantar para dar a devida ênfase a essa perspectiva estrutural e qualificadora de toda a oração cristã.

Na medida em que a meditação do mistério tiver sido – de Ave-Maria em Ave-Maria – atenta, profunda, animada pelo amor de Cristo e por Maria, a glorificação trinitária de cada dezena, em vez de reduzir-se a uma rápida conclusão, adquirirá o seu justo tom contemplativo, quase elevando o espírito à altura do Paraíso e fazendo-nos reviver de certo modo a experiência do Tabor, antecipação da contemplação futura: "Que bom é estarmos aqui!" (Lc 9,33).

A jaculatória final

35. Na prática corrente do Rosário, depois da doxologia trinitária diz-se uma jaculatória, que varia segundo os costumes. Sem diminuir em nada o valor de tais invocações, parece oportuno assinalar que a contemplação dos mistérios poderá manifestar melhor toda a sua fecundidade se se tiver o cuidado de terminar cada um dos mistérios com *uma oração para obter os frutos específicos da meditação desse mistério*. Desse modo, o Rosário poderá exprimir com maior eficácia a sua ligação com a vida cristã. Isso mesmo no-lo sugere uma bela oração litúrgica, que nos convida a pedir para, através da meditação dos mistérios do Rosário, chegarmos a "imitar o que contêm e alcançar o que prometem".[5]

Tal oração conclusiva poderá gozar, como acontece já, de uma legítima variedade na sua inspiração. Assim, o Rosário adquirirá uma fisionomia mais adaptada às diferentes tradições espirituais e às várias comunidades cristãs. Nessa perspectiva, é desejável que haja uma divulgação, com o devido discernimento pastoral, das propostas mais significativas, talvez experimentadas em centros e santuários marianos particularmente sensíveis à prática do Rosário, para que o Povo de Deus possa valer-se de toda a verdadeira riqueza espiritual, tirando dela alimento para a sua contemplação.

O terço

36. Um instrumento tradicional na recitação do Rosário é o terço. No seu uso mais superficial, reduz-se frequentemente

---

[5] *"... concede, quæsumus, ut hæc mysteria sacratissimo beatæ Mariæ Virginis Rosario recolentes, et imitemur quod continent, et quod promittunt assequamur": Missale Romanum* (1960) *in festo B. M. Virginis a Rosario.*

a um simples meio para contar e registrar a sucessão das Ave-Marias. Mas presta-se também a exprimir simbolismos, que podem conferir maior profundidade à contemplação.

A tal respeito, a primeira coisa a notar é como *o terço converge para o Crucificado*, que dessa forma abre e fecha o próprio itinerário da oração. Em Cristo, está centrada a vida e a oração dos crentes. Tudo parte dele, tudo tende para ele, tudo por ele, no Espírito Santo, chega ao Pai.

Como instrumento de contagem que assinala o avançar da oração, o terço evoca o caminho incessante da contemplação e da perfeição cristã. O Beato Bartolo Longo via-o também como uma "cadeia" que nos prende a Deus. Cadeia sim, mas uma doce cadeia; assim se apresenta sempre a relação com um Deus que é Pai. Cadeia "filial", que nos coloca em sintonia com Maria, a "serva do Senhor" (Lc 1,38), e em última instância com o próprio Cristo que, apesar de ser Deus, se fez "servo" por nosso amor (Fl 2,7).

É bom alargar o significado simbólico do terço também à nossa relação recíproca, recordando através dele o vínculo de comunhão e fraternidade que a todos nos une em Cristo.

Começo e conclusão

37. Segundo a praxe comum, são vários os modos de introduzir o Rosário nos distintos contextos eclesiais. Em algumas regiões, costuma-se iniciar com a invocação do Salmo 69/70: "Ó Deus, vinde em nosso auxílio; Senhor, socorrei-nos e salvai-nos", para de certo modo alimentar, na pessoa orante, a humilde certeza da sua própria indigência;

ao contrário, em outros lugares começa-se com a recitação do *Creio em Deus Pai*, querendo de certo modo colocar a profissão de fé como fundamento do caminho contemplativo que se inicia. Esses e outros modos, na medida em que dispõem melhor à contemplação, são métodos igualmente legítimos. A recitação termina com a oração pelas intenções do papa, para estender o olhar de quem reza ao amplo horizonte das necessidades eclesiais. Foi precisamente para encorajar essa perspectiva eclesial do Rosário que a Igreja quis enriquecê-lo com indulgências sagradas para quem o recitar com as devidas disposições.

Assim vivido, o Rosário torna-se verdadeiramente um caminho espiritual, no qual Maria se faz mãe, mestra e guia, e apoia o fiel com a sua poderosa intercessão. Como admirar-se de que o espírito, no final dessa oração em que teve a experiência íntima da maternidade de Maria, sinta a necessidade de se expandir em louvores à Virgem Santa, quer com a oração esplêndida da Salve-Rainha, quer através das invocações da *Ladainha Lauretana*? É o remate de um caminho interior que levou o fiel ao contato vivo com o mistério de Cristo e da sua Mãe Santíssima.

A distribuição no tempo

38. O Rosário pode ser recitado integralmente todos os dias, não faltando quem louvavelmente o faça. Acaba assim por encher de oração as jornadas de tantos contemplativos, ou servir de companhia a doentes e idosos que dispõem de tempo em abundância. Mas é óbvio – e isso vale com mais forte razão ao acrescentar-se o novo ciclo dos *mysteria lucis*

– que muitos poderão recitar apenas uma parte, segundo uma determinada ordem semanal. Essa distribuição pela semana acaba por dar às sucessivas jornadas dessa uma certa "cor" espiritual, de modo análogo ao que faz a liturgia com as várias fases do ano litúrgico.

Segundo a prática corrente, as segundas e quintas--feiras são dedicadas aos "mistérios da alegria", as terças e sextas-feiras, aos "mistérios da dor" e as quartas-feiras, os sábados e os domingos, aos "mistérios da glória". Onde se podem inserir os "mistérios da luz"? Atendendo a que os mistérios gloriosos são propostos em dois dias seguidos – sábado e domingo – e que o sábado é tradicionalmente um dia de intenso caráter mariano, parece recomendável deslocar para ele a segunda meditação semanal dos mistérios gozosos, nos quais está mais acentuada a presença de Maria. E assim fica livre a quinta-feira precisamente para a meditação dos mistérios da luz.

Essa indicação, porém, não pretende limitar certa liberdade de opção na meditação pessoal e comunitária, segundo as exigências espirituais e pastorais e sobretudo as coincidências litúrgicas que possam sugerir oportunas adaptações. Verdadeiramente importante é que o Rosário seja cada vez mais visto e sentido como itinerário contemplativo. Através dele, de modo complementar ao que se realiza na liturgia, a semana do cristão, tendo o domingo – dia da ressurreição – por charneira, torna-se uma caminhada através dos mistérios da vida de Cristo, para que ele se afirme, na vida dos seus discípulos, como Senhor do tempo e da história.

CONCLUSÃO

"Rosário bendito de Maria, doce cadeia que nos prende a Deus"

39. Tudo o que foi dito até agora manifesta amplamente a riqueza dessa oração tradicional, que tem não só a simplicidade de uma oração popular como também a profundidade teológica de uma oração adaptada a quem sente a exigência de uma contemplação mais madura.

A Igreja reconheceu sempre uma eficácia particular ao Rosário, confiando-lhe, mediante a sua recitação comunitária e a sua prática constante, as causas mais difíceis. Em momentos em que estivera ameaçada a própria cristandade, foi à força dessa oração que se atribuiu a libertação do perigo, tendo a Virgem do Rosário sido saudada como propiciadora da salvação.

À eficácia dessa oração, confio de bom grado hoje – como acenei ao princípio – a causa da paz no mundo e a causa da família.

A paz

40. As dificuldades que o horizonte mundial apresenta, neste início de novo milênio, levam-nos a pensar que só uma intervenção do Alto, capaz de orientar os corações daqueles que vivem em situações de conflito e de quantos regem os destinos das nações, permite esperar num futuro menos sombrio.

O Rosário *é, por natureza, uma oração orientada para a paz*, precisamente porque consiste na contemplação de Cristo, Príncipe da paz e "nossa paz" (Ef 2,14). Quem assimila o mistério de Cristo – e o Rosário visa a isso mesmo – apreende o segredo da paz e dele faz um projeto de vida. Além disso, devido ao seu caráter meditativo com a serena sucessão das Ave-Marias, exerce uma ação pacificadora sobre quem o reza, predispondo-o a receber e experimentar no mais fundo de si mesmo e a espalhar ao seu redor aquela paz verdadeira que é um dom especial do Ressuscitado (cf. Jo 14,27; 20,21).

Depois, o Rosário é oração de paz também pelos frutos de caridade que produz. Se for recitado devidamente como verdadeira oração meditativa, ao facilitar o encontro com Cristo nos mistérios não pode deixar de mostrar também o rosto de Cristo nos irmãos, sobretudo nos que mais sofrem. Como seria possível fixar nos mistérios gozosos o mistério do Menino nascido em Belém, sem sentir o desejo de acolher, defender e promover a vida, preocupando-se com o sofrimento das crianças nas diversas partes do mundo? Como se poderia seguir os passos de Cristo revelador, nos mistérios da luz, sem se empenhar a testemunhar as suas "bem-aventuranças" na vida diária? E como contemplar a Cristo carregado com a cruz ou crucificado, sem sentir a necessidade de se fazer seu "cireneu" em cada irmão abatido pela dor ou esmagado pelo desespero? Enfim, como se poderia fixar os olhos na glória de Cristo ressuscitado e em Maria coroada Rainha, sem desejar tornar esse mundo mais belo, mais justo, mais conforme ao desígnio de Deus?

Em suma, o Rosário, ao mesmo tempo que nos leva a fixar os olhos em Cristo, torna-nos também construtores da paz no mundo. Pelas suas características de petição insistente e comunitária, em sintonia com o convite de Cristo para "orar sempre, sem desfalecer" (Lc 18,1), aquele permite-nos esperar que, também hoje, se possa vencer uma "batalha" tão difícil como é a da paz. Longe de constituir uma fuga dos problemas do mundo, o Rosário leva-nos assim a vê-los com olhar responsável e generoso, e alcança-nos a força de voltar para eles com a certeza da ajuda de Deus e o firme propósito de testemunhar em todas as circunstâncias "a caridade, que é o vínculo da perfeição" (Cl 3,14).

A família: os pais...

41. Oração pela paz, o Rosário foi desde sempre também *oração da família e pela família*. Outrora, essa oração era particularmente amada pelas famílias cristãs e favorecia certamente a sua união. É preciso não deixar perder essa preciosa herança. Importa voltar a rezar em família e pelas famílias, servindo-se ainda dessa forma de oração.

Se, na Carta apostólica *Novo millennio ineunte*, encorajei a celebração da *Liturgia da Horas* pelos próprios leigos na vida ordinária das comunidades paroquiais e dos vários grupos cristãos,[1] o mesmo desejo fazer quanto ao Rosário. Trata-se de dois caminhos, não alternativos mas

---

[1] Cf. n. 34: *AAS* 93 (2001), 29.

complementares, da contemplação cristã. Peço, pois, a todos aqueles que se dedicam à pastoral das famílias para sugerirem com convicção a recitação do Rosário.

A família que reza unida, permanece unida. O Santo Rosário, por antiga tradição, presta-se de modo particular a ser uma oração onde a família se encontra. Os seus diversos membros, precisamente ao fixarem o olhar em Jesus, recuperam também a capacidade de se olharem sempre de novo olhos nos olhos para comunicarem, solidarizarem-se, perdoarem-se mutuamente, recomeçarem com um pacto de amor renovado pelo Espírito de Deus.

Muitos problemas das famílias contemporâneas, sobretudo nas sociedades economicamente evoluídas, derivam do fato de ser cada vez mais difícil comunicar. Não conseguem estar juntos, e os raros momentos para isso acabam infelizmente absorvidos pelas imagens de uma televisão. Retomar a recitação do Rosário em família significa inserir na vida diária imagens bem diferentes – as do mistério que salva: a imagem do Redentor, a imagem de sua Mãe Santíssima. A família que reza unida o Rosário reproduz em certa medida o clima da casa de Nazaré: põe-se Jesus no centro, partilham-se com ele alegrias e sofrimentos, colocam-se nas suas mãos necessidades e projetos, e dele se recebe a esperança e a força para o caminho.

... e os filhos

42. É bom e frutuoso também confiar a essa oração *o itinerário de crescimento dos filhos*. Porventura não é o Rosário o itinerário da vida de Cristo, desde a sua concepção até à morte, ressurreição e glória? Hoje se torna cada vez mais árdua para os pais a tarefa de seguirem os filhos pelas várias etapas da sua vida. Na sociedade da tecnologia avançada, dos *mass media* e da globalização, tudo se tornou tão rápido, e a distância cultural entre as gerações é cada vez maior. Os apelos mais diversos e as experiências mais imprevisíveis cedo invadem a vida das crianças e adolescentes, e os pais sentem-se às vezes angustiados para fazer frente aos riscos que aqueles correm. Não é raro experimentarem fortes desilusões, constatando a falência dos seus filhos perante a sedução da droga, o fascínio de um hedonismo desenfreado, as tentações da violência, as expressões mais variadas de falta de sentido e de desespero.

Rezar o Rosário *pelos filhos* e, mais ainda, *com os filhos*, educando-os desde tenra idade para esse momento diário de "paragem orante" da família, não traz por certo a solução de todos os problemas, mas é uma ajuda espiritual que não se deve subestimar. Pode-se objetar que o Rosário parece uma oração pouco adaptada ao gosto das crianças e jovens de hoje. Mas a objeção parte talvez da forma muitas vezes pouco cuidada de rezá-lo. Ora, ressalvada a sua estrutura fundamental, nada impede que a recitação do Rosário para crianças e jovens, tanto em família como nos grupos, seja enriquecida com atrativos simbólicos e práticos, que favoreçam a sua compreensão e valorização. Por que não tentar? Uma pastoral juvenil sem descontos, apaixonada e criativa – as Jornadas Mundiais da Juventude deram-me a sua medida! – pode, com a ajuda de Deus, fazer coisas verdadeiramente significativas. Se o Rosário for bem apresentado, estou seguro de que os próprios jovens serão capazes de surpreender uma vez mais os adultos, assumindo essa oração e recitando-a com o entusiasmo típico da sua idade.

O Rosário, um tesouro a descobrir

43. Queridos irmãos e irmãs! Uma oração tão fácil e ao mesmo tempo tão rica merece verdadeiramente ser descoberta de novo pela comunidade cristã. Façamo-lo sobretudo neste ano, assumindo essa proposta como um reforço da linha traçada na Carta apostólica *Novo millennio ineunte*, na qual se inspiraram os planos pastorais de muitas Igrejas particulares ao programarem os seus compromissos a curto prazo.

Dirijo-me de modo particular a vós, amados Irmãos no Episcopado, sacerdotes e diáconos, e a vós, agentes pastorais nos diversos ministérios, pedindo que, experimentando pessoalmente a beleza do Rosário, vos torneis solícitos promotores do mesmo.

Também espero em vós, teólogos, para que, desenvolvendo uma reflexão simultaneamente rigorosa e sapiencial, enraizada na Palavra de Deus e sensível à vida concreta do povo cristão, façais descobrir os fundamentos bíblicos, as riquezas espirituais, a validade pastoral dessa oração tradicional.

Conto convosco, consagrados e consagradas, a título especial chamados a contemplar o rosto de Cristo na escola de Maria.

Penso em vós todos, irmãos e irmãs de qualquer condição, em vós, famílias cristãs, em vós, doentes e idosos, em vós, jovens: *retomai confiadamente nas mãos o terço do Rosário*, fazendo a sua descoberta à luz da Escritura, de harmonia com a liturgia, no contexto da vida cotidiana.

Que este meu apelo não fique ignorado! No início do vigésimo quinto ano de Pontificado, entrego esta Carta apostólica nas mãos sapientes da Virgem Maria, *prostrando- -me em espírito diante da sua imagem venerada no Santuário esplêndido que lhe edificou o Beato Bartolo Longo*, apóstolo do Rosário. De bom grado, faço minhas as comoventes palavras com que ele conclui a célebre *Súplica à Rainha do Santo Rosário*: "Ó Rosário bendito de Maria, doce cadeia que nos prende a Deus, vínculo de amor que nos une aos Anjos, torre de salvação contra os assaltos do inferno, porto seguro no naufrágio geral, não te deixaremos nunca mais. Serás o nosso conforto na hora da agonia. Seja para ti o último beijo da vida que se apaga. E a última palavra dos nossos lábios há de ser o vosso nome suave, ó Rainha do Rosário de Pompeia, ó nossa Mãe querida, ó Refúgio dos pecadores, ó Soberana consoladora dos tristes! Sede bendita em todo o lado, hoje e sempre, na terra e no céu!".

Vaticano, 16 de outubro de 2002, início do vigésimo quinto ano de Pontificado.

João Paulo II

SUMÁRIO

INTRODUÇÃO 5

Os Romanos Pontífices e o Rosário 6
Outubro 2002 – Outubro 2003: Ano do Rosário 8
Objeções ao Rosário 9
Caminho de contemplação 10
Oração pela paz e pela família 11
"Eis a tua mãe!" (Jo 19,27) 12
Na senda das testemunhas 12

Capítulo I

CONTEMPLAR CRISTO COM MARIA 15
Um rosto resplandecente como o sol 15
Maria, modelo de contemplação 16
As recordações de Maria 17
Rosário, oração contemplativa 17
Recordar Cristo com Maria 18
Aprender Cristo de Maria 19
Configurar-se a Cristo com Maria 21
Suplicar a Cristo com Maria 23
Anunciar Cristo com Maria 25

Capítulo II

MISTÉRIOS DE CRISTO – MISTÉRIOS DA MÃE.... 27

O Rosário, "compêndio do Evangelho" 27

Uma inserção oportuna 28

Mistérios da alegria.. 29

Mistérios da luz.. 31

Mistérios da dor 33

Mistérios da glória... 34

Dos "mistérios" ao "Mistério": o caminho de Maria......... 35

Mistério de Cristo, "mistério" do homem 37

Capítulo III

"PARA MIM, O VIVER É CRISTO" 39

O Rosário, caminho de assimilação do mistério.............. 39

Um método válido... 40

... que todavia pode ser melhorado 41

A enunciação do mistério 42

A escuta da Palavra de Deus 43

O silêncio... 44

O Pai-Nosso.. 44

As dez Ave-Marias 45

O Glória 47

A jaculatória final 47

O terço.. 48

Começo e conclusão...... 49

A distribuição no tempo...... 50

CONCLUSÃO...... 53

"Rosário bendito de Maria,
doce cadeia que nos prende a Deus"...... 53

A paz...... 53

A família: os pais...... 55

... e os filhos...... 56

O Rosário, um tesouro a descobrir...... 58

Rua Dona Inácia Uchoa, 62
04110-020 – São Paulo – SP (Brasil)
Tel.: (11) 2125-3500
http://www.paulinas.com.br – editora@paulinas.com.br
Telemarketing e SAC: 0800-7010081